L'AMI DE LA MAISON,

COMEDIE

EN TROIS ACTES ET EN VERS,

MÊLÉE D'ARIETTES ;

Par MARMONTEL, Musique de GRÉTRY.

Représentée devant Sa Majesté, à Fontainebleau, le 26 Octobre 1771, et sur le théâtre de la Comédie Italienne, le jeudi 14 mai 1772.

Prix : 1 fr. 50 c.

PARIS,
VENTE, LIBRAIRE, BOULEVART DES ITALIENS, N° 7,
PRÈS LA RUE FAVART.

1823.

PERSONNAGES.

CÉLICOUR.
AGATHE.
ORFISE, mère d'Agathe.
ORONTE, frère d'Orfise, et père de Célicour.
CLITON, ami d'Orfise.
UN LAQUAIS.

Le lieu de la Scène est une Maison de Campagne.

L'AMI DE LA MAISON,

COMÉDIE.

ACTE PREMIER.

Le Théâtre représente un salon.

SCÈNE PREMIÈRE.

CÉLICOUR, AGATHE.

CÉLICOUR.

Belle cousine, eh! quoi! vous me fuyez toujours!
Je ne suis en ces lieux que depuis quinze jours,
Et de m'y voir vous êtes lasse!
Les heureux momens que j'y passe
Ne seront-ils pas assez courts?

AGATHE.

AIR.

Je suis de vous très-mécontente,
Très-mécontente, entendez-vous?
Je vous croyais docile et doux,
Vous avez trompé mon attente.
Je suis de vous très-mécontente,
Très-mécontente, entendez-vous?
Eh quoi! sans cesse
Suivre mes pas!
Chercher mes yeux! me parler bas!
Et me sourire avec finesse!

Belle finesse!
Vous croyez qu'on ne vous voit pas.
Je suis de vous, etc.

  Des vivacités
  Sans fin, sans nombre;
  Vous vous dépitez;
  Vous devenez sombre;
  Vous ne me quittez
  Non plus que mon ombre;
Toujours assis à mes côtés.

Je suis de vous, etc.

CÉLICOUR.

Pardon, belle cousine. Oui, je suis trop sensible :
Je devrais retenir ces premiers mouvemens.
 Mais se vaincre à tous les momens!
 L'effort est pour moi trop pénible.
 Près de vous mes empressemens
 N'ont pas, je crois, besoin d'excuse.
Quant aux vivacités dont je sais qu'on m'accuse,
Rien de plus pardonnable. Avec moi, sans façon,
 Je vois que tout le monde en use;
C'est à qui tous les jours me fera la leçon.

AGATHE.

C'est un avis pour moi.

CÉLICOUR.

   Vous savez bien que non :
 Jamais l'amitié n'humilie;
Mais il n'est pas ici, jusqu'à Monsieur Cliton,
 Qui sans cesse avec moi s'oublie,
 Et prétend me donner le ton.

AGATHE.

Pour celui-là, je vous supplie
De le ménager.

CÉLICOUR.

 Moi!

AGATHE.

  Vous-même, et pour raison,
Car c'est l'ami de la maison.

CÉLICOUR.

Vraiment! votre mère en est folle;
Et, comme elle, chacun le croit sur sa parole,
 Un savant, un sage, un Caton.

AGATHE.

Eh bien! laissez-les croire.

ACTE I, SCÈNE PREMIÈRE.

CÉLICOUR.

Oh! tout cela me blesse.

AGATHE.

Mais, mon petit cousin, je ne sais pas pourquoi.

CÉLICOUR.

Par exemple, là, dites-moi
S'il est bien qu'avec lui votre mère vous laisse
Des heures tête à tête?

AGATHE.

Il le trouve assez doux.

CÉLICOUR.

Je le crois bien.

AGATHE.

Rassurez-vous
Un sage est exempt de faiblesse.

CÉLICOUR.

Un fade adulateur, un censeur importun,
Tombé céans comme des nues,
Dont les mœurs vous sont inconnues,
Et dont l'état consiste à n'en avoir aucun :
Voilà ce qu'on appelle un sage.

AGATHE.

Oui, c'en est un,
Car il le dit.

CÉLICOUR.

La preuve est claire.

AGATHE.

D'abord, il n'est jamais de l'avis du vulgaire.

CÉLICOUR.

C'est n'avoir pas le sens commun.

AGATHE.

De plus, il méprise un chacun.

CÉLICOUR

Qui, je crois, ne l'estime guère.

AGATHE.

Il raisonne de tout.

CÉLICOUR.

Et n'a jamais raison!

AGATHE.

Sait l'histoire, la carte, et même le blason.

CÉLICOUR.

Science rare!

AGATHE.

Et nécessaire.

Sur un globe avec lui je parcours l'univers.
Dans les temps reculés avec lui je me perds.
C'est lui qui m'instruit, qui m'éclaire.
Il veut me rendre habile.
CÉLICOUR.
Eh bien, moi je vous dis
Qu'il a des desseins plus hardis.
AGATHE.
Et quels desseins?
CÉLICOUR.
Mais, de vous plaire.

DUO.
AGATHE.
Vous avez deviné cela !
C'est être fin, c'est être habile,
Que d'avoir deviné cela.
CÉLICOUR.
Sans être fin, sans être habile,
J'ai fort bien deviné cela.
Vous, qu'il appelle sa pupile,
Défiez-vous de ce nom-là.
AGATHE.
Moi, qu'il appelle sa pupile,
Me défier de ce nom-là !
CÉLICOUR.
Je suis certain qu'il en tient là.*
AGATHE.
Vous avez deviné cela !
CÉLICOUR.
Ses yeux cent fois m'ont dit la chose.
AGATHE.
Ses yeux disent-ils quelque chose?
CÉLICOUR.
Défiez-vous de ces yeux-là.
AGATHE.
Je n'ai pas peur de ces yeux-là.
CÉLICOUR.
On voit qu'il désire et qu'il n'ose.
Je suis certain qu'il en tient là.**
AGATHE.
Croyez plutôt qu'il en tient là.***

CÉLICOUR.
Et s'il se réserve à lui-même
Un prix qui n'était dû qu'à moi, qu'à mon amour ?

---
* *Au cœur.* ** *Au cœur.* *** *A la tête.*

ACTE I, SCÈNE PREMIÈRE.

AGATHE.

Vous n'y pensez pas, Célicour.
Est-ce que vous m'aimez ?

CÉLICOUR.

O ciel ! si je vous aime !
En doutez-vous, Agathe ?

AGATHE.

Et qui me l'aurait dit ?

CÉLICOUR.

Qui ? mon ravissement, mon trouble, mon ivresse,
De mon cœur agité la joie et la tristesse,
L'inquiétude et le dépit,
Tout, jusqu'à mon silence.

AGATHE.

Oh ! je n'ai pas l'adresse
D'expliquer le silence.

CÉLICOUR.

Et mes soins assidus,
Mes soupirs, mes regards, qui vous parlaient sans cesse ?

AGATHE.

Je ne les ai pas entendus.

CÉLICOUR

Je ne m'étonne plus de vous voir si paisible.
Je vous paraissais fou : vraiment, je le crois bien :
Votre cœur était insensible
A tous les mouvemens du mien.
Mais non, cela n'est pas possible.
Par exemple, cent fois, en vous donnant la main,
J'ai pressé doucement la vôtre dans la mienne.

AGATHE.

Je ne l'ai pas senti, du moins qu'il me souvienne.

CÉLICOUR.

Et l'autre jour, dans le jardin,
Quand je louais tant cette rose,
Fraîche, vermeille, à demi close.

AGATHE.

A tout cela je n'entends rien,
Et je ne sais jamais que ce qu'on me dit bien.

CÉLICOUR, vivement.

Je vous dis donc que je vous aime,
Que je veux être votre époux,
Et que je ne puis voir, sans un dépit extrême,
Qu'un autre ose prétendre à des liens si doux.
M'entendez-vous enfin ?

AGATHE.

Oui, vous êtes jaloux.

Cela fait bien du mal !

CÉLICOUR.

Il dépend de vous-même
De m'en guérir, de me calmer.

AGATHE.

Que faut-il pour cela ?

CÉLICOUR.

M'aimer.

AGATHE.

Vous aimer ! Après ? je suppose
Que nous nous aimions. Croyez-vous
Qu'à nous unir on se dispose ?
Et qu'avec vos vingt ans, vous soyez bien l'époux
Qu'à votre cousine on propose ?

CÉLICOUR.

Ah ! quel malheur vous m'annoncez !
J'en mourrai de douleur ; mais, avant que je meure,
Dites-moi seulement, je t'aime : c'est assez.

AGATHE.

Oui, je vous aime, à la bonne heure ;
Mais plus d'impatience, ou je me fâcherai.

CÉLICOUR, très-vivement.

Oh ! non. Je me posséderai.
A présent rien n'est plus facile ;
Mais si Monsieur Cliton vient m'échauffer la bile....

AGATHE.

Eh bien ? que ferez-vous ?

CÉLICOUR.

Je.....

AGATHE.

Quoi ?

CÉLICOUR.

Je me vaincrai.
Je suis aimé, je suis tranquille ;
Et plein de mon bonheur, je le renfermerai.

SCÈNE II.

ORONTE, CÉLICOUR, AGATHE.

ORONTE.

Ah! mon fils, te voilà? tant mieux : je te cherchais.
Réjouis-toi. Ma sœur.... quelle sœur! quelle femme!
Tu le savais, Agathe, et tu nous le cachais.

AGATHE.

Moi! non, je ne sais rien.

ORONTE, à Célicour.

Elle a lu dans ton âme;
Elle met le comble à tes vœux.

CÉLICOUR.

Ah! mon père!

ORONTE.

Oui, mon fils, dès demain, si tu veux,
Tu peux partir.

CÉLICOUR.

Comment?

ORONTE.

Du bien que je possède
Elle a su que j'allais employer la moitié
Pour ton avancement; elle vient à mon aide;
Et sa généreuse amitié
Te fait don du brevet qui t'ouvre la carrière;
Rien ne s'oppose plus à ton ardeur guerrière.
La fortune t'appelle, et la gloire t'attend.
Te voilà capitaine.

CÉLICOUR.

O ciel!

ORONTE.

Es-tu content?

CÉLICOUR, avec embarras.

Je me sens pénétré des bontés de ma tante;
Mais vous, mon père...

ORONTE.

Eh bien?

CÉLICOUR.

Vous, de qui je dépends,
A recevoir ces dons faut-il que je consente?
C'est le bien de sa fille; et c'est à ses dépens....

AGATHE.
Célicour, avez-vous envie
De ne plus me revoir ? C'en est fait pour la vie,
Si vous répétez ce mot-là.
CÉLICOUR.
Je me tais.
ORONTE.
Oui, laissons cela.
Tu n'as plus rien qui te retienne,
Et mon impatience est égale à la tienne.
Allons. Viens d'abord t'acquitter
De ce devoir si doux, de la reconnaissance.
CÉLICOUR, retenant Agathe qui veut s'en aller.
Un moment, chère Agathe. Avant de nous quitter,
Mon père, écoutez-moi.
ORONTE.
Qu'est-ce ? une confidence ?
CÉLICOUR.
Mon père !
ORONTE.
Au fait.
CÉLICOUR.
Depuis que nous sommes ici,
Je n'ai cessé de voir Agathe.
ORONTE.
Elle est jolie,
Ta cousine !
CÉLICOUR.
Ah ! charmante !
ORONTE.
Elle est douce, polie.
Je l'aime tout-à-fait.
CÉLICOUR.
Hélas ! je l'aime aussi.
ORONTE.
Je n'ai pas de peine à le croire.
Hé bien, mon fils, l'amour est le prix de la gloire.
Il vous en a lui-même aplani le chemin :
Soyez digne d'Agathe, et méritez sa main.

AIR.

Rien ne plaît tant aux yeux des belles
Que le courage des guerriers.
Qu'ils soient vaillans, qu'ils soient fidèles,
A leur retour, je réponds d'elles.

ACTE I, SCÈNE II.

   L'amour sous les lauriers
   N'a point vu de cruelles.
Rien ne plaît tant aux yeux des belles
 Que le courage des guerriers.
Sous les drapeaux, quand la trompette sonne,
  Chacun se dit : « voilà l'instant,
    » L'amour m'attend,
  » Et dans ses mains est la couronne.
  » Qu'il nous regarde, et qu'il la donne
    » Au plus vaillant,
    » Au plus brillant.
    » Voilà l'instant,
    » L'amour m'attend,
  » Et dans ses mains est la couronne. »
  Il a raison, l'amour l'attend.
 Rien ne plaît tant aux yeux des belles, etc.

    CÉLICOUR, vivement.
Je ferai mon devoir ; je serai, je l'espère,
Digne de ma maîtresse, et digne de mon père.
Je brûle de servir ma patrie et mon roi,
  Et vous serez content de moi.
    ORONTE.
 Allons, j'en accepte l'augure.
    CÉLICOUR.
Oh ! vous pouvez y croire, et mon cœur vous l'assure.
De l'amour à la gloire on me verra voler.
Tout ce que je demande, avant de m'en aller,
 C'est de m'unir à ce que j'aime.
    ORONTE.
Quoi, mon fils ! à ton âge ?
    CÉLICOUR.
    Ah, mon père ! un soldat
Est si pressé de vivre ! et vous savez vous-même
Que personne n'est jeune au moment d'un combat.
Si je meurs son époux, je meurs digne d'envie.
Mon père, laissez-moi lui donner de ma vie
Deux beaux jours seulement : le reste est à l'état.
    AGATHE.
 (à Célicour.)   (à Oronte.)
Vous me faites trembler. Non, Monsieur, non, ma mère
N'y consentirait pas. Elle veut l'éloigner.
  Il lui déplaira s'il diffère ;
J'en suis sûre, et je veux du moins vous épargner
La douleur d'un refus marqué par sa colère.
    ORONTE.
  Elle a plus de bon sens que toi,
Mon fils.

L'AMI DE LA MAISON,

CÉLICOUR.
Ah ! que n'a-t-elle autant d'amour que moi !

ORONTE.
Es-tu donc si pressé ? Vois un peu la folie
D'épouser à vingt ans femme jeune et jolie,
Et de la laisser là ?

CÉLICOUR.
Mon père ! vous savez
Quels sont les écueils de mon âge.
Vous m'avez tant dit d'être sage !
Aidez-moi donc à l'être. Hélas ! vous le pouvez.
Pour la fougue de la jeunesse
Est-il un frein plus assuré
Que ce lien chéri, que ce nœud révéré
Dont l'amour et l'honneur nous occupent sans cesse ?

ORONTE.
Oui, je sens bien que le devoir
Peut beaucoup sur une âme honnête ;
Et ma sœur n'aurait qu'à vouloir,
Moi je m'en ferais une fête.

AGATHE.
Mon oncle, perdez cet espoir.

TRIO.

CÉLICOUR.	ORONTE.	AGATHE.
Ah ! Laissez agir mon père.	Voyez : je suis bon père.	Ah ! je connais bien ma mère.
Il peut, avec douceur,	Je puis, avec douceur,	Sévère avec douceur,
Lui dire : allons, ma sœur,	Lui dire : allons, ma sœur,	Elle dirait : non, non, mon frère.
Ma sœur, point de colère.	Ma sœur point de colère.	Vous avez tort. Ma fille à tort.
Nos enfans n'ont pas tort.	Nos enfans n'ont pas tort.	
Comme eux soyons d'accord.	Comme eux soyons d'accord.	

ENSEMBLE.

CÉLICOUR.	ORONTE.	AGATHE.
Elle dirait, ils n'ont pas tort.	Je lui dirais, ils sont d'accord.	Elle dirait, ma fille a tort.

ORONTE.
Est-ce la fortune
Qui fait les heureux ?

CÉLICOUR.
S'aimer en est une
Qui remplit nos vœux.

ACTE I, SCÈNE II.

AGATHE.
La mode importune
S'oppose à ses nœuds.

CÉLICOUR.	ORONTE.	AGATHE.
Eh quoi! l'amour est-il un tort? Non, non, l'amour n'est pas un tort.	Eh quoi! l'amour est-il un tort? Non, non, l'amour n'est pas un tort.	Elle dirait : Oui, c'est un tort.

FIN DU PREMIER ACTE.

ACTE II.

SCÈNE PREMIÈRE.

AGATHE, ORONTE, et ensuite CÉLICOUR.

ORONTE.
Je ne puis donc la voir?
AGATHE.
C'est l'heure de l'étude.
ORONTE.
Mon fils est d'une inquiétude !...
AGATHE.
De grâce, opposez-vous à sa vivacité;
Qu'il soit sage, et me laisse faire.
Cliton croit se jouer de ma simplicité;
Mais je veux qu'il nous serve, et j'en fais mon affaire.

AIR.

Je ne fais semblant de rien;
Mais j'observe, j'examine,
D'un coup d'œil je le devine,
Paix donc! paix! tout ira bien.
Je vois de loin son adresse,
Et sous cape je m'en ris.
Le chat guette la souris;
Mais au piège qu'il me dresse,
Lui-même il va se voir pris.

Je ne fais semblant, etc.

CÉLICOUR.
Ah! vous me rendez le courage,
Belle Agathe. Je vous devrai
Le bonheur de ma vie; il sera votre ouvrage.
AGATHE.
Pour ma peine, avec vous je le partagerai.
ORONTE.
J'en ai peu vu, je l'avouerai,
D'aussi fine qu'elle à son âge.
AGATHE.
J'entends ma mère, évitons-la,

Moi de ce côté-ci, vous de ce côté-là,
Ceci pourrait enfin lui donner de l'ombrage.

(Ils sortent tous trois.)

SCÈNE II.

ORFISE, CLITON.

ORFISE.

Pour cela non, jamais. Il y peut renoncer.
Je veux même au plutôt qu'il s'éloigne, et l'oublie.
    Juste ciel ! à quelle folie.
    Je donnais lieu sans y penser !

AIR.

On dit souvent qu'il est doux d'être mère.
En le disant, hélas ! on ne sait guère
    Ce qu'il en coûte de regrets.
Le ciel nous vend une faveur si chère,
Et la douleur la suit de près.
Le jour, la nuit dans les alarmes.
En tremblant on cède au sommeil.
Et quelle mère, à son réveil,
N'a jamais répandu de larmes ?
    Non, non, jamais
    Il n'est possible,
    Il n'est possible
    D'être en paix.
    Non, non, jamais
    Un cœur sensible,
    Un cœur sensible
    N'est en paix.

SCÈNE III.

ORONTE, CÉLICOUR, ORFISE, CLITON.

ORONTE.

Ma sœur, voilà mon fils qui vient vous rendre grâces.

ORFISE.

Mon neveu, votre père a bien servi son roi,
    C'est à vous de suivre ses traces.

CÉLICOUR.

Son exemple, Madame, et ce que je vous doi,
Présent à mon esprit, m'occupera sans cesse.

ORFISE.

Quand partez-vous ?

CÉLICOUR.
Bientôt.
ORFISE.
Au plus tôt, croyez-moi.
CLITON, *gravement.*
C'est dans l'oisiveté que se perd la jeunesse.
CÉLICOUR, *à demi-voix.*
Eh, Monsieur !
ORFISE.
C'est voir prudemment,
Mon frère. Allons, point de faiblesse :
Son équipage fait, qu'il parte incessamment.
Mon neveu, la raison, le devoir, tout exige
Que vous soyez au moins deux ans loin de Paris.
CÉLICOUR.
Deux ans, ma tante !
ORFISE.
Au moins, vous dis-je.
CÉLICOUR.
Mon père !
ORONTE.
Ma sœur !
ORFISE.
Je l'afflige,
Mais mes bontés sont à ce prix.

(*Oronte emmène son fils.*)

SCÈNE IV.

ORFISE, CLITON.

CLITON.
Vous avez fait, Madame, une chose admirable.
ORFISE.
J'ai suivi vos conseils.
CLITON.
Ah ! vous les devancez.
Toujours le mieux possible est ce que vous pensez.
Quelle âme pure ! quelle âme adorable !
On ne vous connaît pas. Je voudrais que l'on sût
Tout ce que vous valez, Madame.
De l'homme, à ce qu'on dit, la force est l'attribut,
Mais la délicatesse est celui de la femme.

ACTE II, SCÈNE IV.

Ce que nous méditons, vous l'avez deviné :
    Et la raison, qu'en nous l'on vante,
    Est bien plus tardive et plus lente
Que cet heureux instinct, qui chez vous est inné.

ORFISE.

Ah! Cliton, que l'on gagne au commerce d'un sage!
    Vous m'ennoblissez à mes yeux.
    Je ne sais pas si je vaux mieux ;
    Mais je m'estime davantage.

CLITON.

    Non, Madame, non, pas assez :
    Vous êtes encor trop modeste.

ORFISE.

Vous croyez?

CLITON.

    Vous êtes céleste.

ORFISE.

Mais vous, peut-être aussi vous vous éblouissez?

CLITON.

Et non, Madame, non. J'en appelle à vous-même.

ORFISE.

Il faut que la louange ait un poison bien doux!
Tout le monde la craint, et tout le monde l'aime.
Je sens que je devrais me défier de vous :
Vous me flattez, Monsieur : je me le dis sans cesse;
Et tel est votre empire, et telle est ma faiblesse,
Que je vous crois, vous seul, plus que moi, plus que tous.
Mais enfin, se peut-il que je sois accomplie?
L'amitié dans un sage est-elle une folie?
Se fait-elle un devoir de tirer le rideau
Sur tout ce qui dépare une image embellie?
Ou bien, comme l'amour, a-t-elle son bandeau?

CLITON.

    Pourquoi non, Madame? Peut-être
Avez-vous des défauts que je ne puis connaître,
    Que vous-même vous effacez,
    Qu'avec art vous embellissez.

ORFISE.

Avec art! moi, Cliton! ce reproche m'alarme.
Je ne connais point d'art.

CLITON.

Ma foi ! c'est donc un charme,
Un charme inconcevable.

ORFISE.

Ah ! vous me rassurez ;
Mais si le charme cesse, au moins vous l'avourez.

CLITON.

Oui, Madame. Croyez que jamais je ne flatte.
Par exemple, je vous dirai
Que ce beau naturel, que j'ai tant admiré,
Dégénère un peu dans Agathe.
Elle a de l'enjouement, de la vivacité,
Même quelque lueur de sensibilité ;
Mais ce tact de l'esprit, cette raison sublime,
Ce feu divin qui vous anime,
Pardon, je ne crois pas qu'elle en ait hérité.
Je sens que je suis trop sévère ;
Je devrais un peu plus ménager une mère ;
Mais je n'ai jamais su trahir la vérité.

ORFISE.

Un cœur que vous formez sera du moins honnête.

CLITON.

Oui, je vous réponds de son cœur.
Mais je commençais d'avoir peur
Que le petit cousin ne lui tournât la tête.

AIR.

Dans la brûlante saison,
Vers la fin d'un jour tranquille,
Vous voyez sur l'horizon
Comme une vapeur subtile.
Ce n'est d'abord qu'un éclair,
Qui voltige et qui fend l'air.
Bientôt s'élève un nuage ;
Et ce nuage s'étend.
Le ciel gronde, et dans l'instant
L'éclair devient un orage.
C'est tout de même en amour ;
Et de l'éclair au ravage,
L'intervalle n'est qu'un jour.

ORFISE.

Il faut à ma fille, à son âge,
Un guide sûr, un homme sage ;
Et, sans parler du bien qui manque à mon neveu,
Jamais cet amour-là n'aurait eu mon aveu.

ACTE II, SCÈNE V.

CLITON.

Quelle mère!

ORFISE.

Ajoutez, quel ami! dont le zèle
Pense à tout! prévoit tout! Mon sexe a bien raison!
Un homme est un ami pour nous, bien plus fidèle
Qu'une femme. En effet, quelle comparaison!
   De deux femmes en liaison,
   Le goût n'est qu'une fantaisie :
   La vanité, la jalousie
   Y mêlent bientôt leur poison.
Dans son amie, on voit sans cesse une rivale :
   Dès qu'on l'efface, on lui déplaît;
On ne peut la souffrir, à moins qu'on ne l'égale;
   Et dès qu'on lui cède, on la hait.
   Des triomphes de son amie
   Un homme au contraire est flatté.
   Avec elle il est sans envie,
   Comme il est sans rivalité.
Certaine voix confuse en eux se fait entendre,
   Qui leur dit, soyez de moitié.
Ce n'est point de l'amour, on est loin d'y prétendre;
Mais c'est un intérêt plus délicat, plus tendre,
   Plus vif que la simple amitié.

CLITON.

   A merveille! cette peinture
   Rend le cœur humain trait pour trait;
   Et l'on dirait que la nature
   Vous a révélé son secret.

ORFISE.

  (à un Laquais.) (à Cliton)
Holà! quelqu'un.... Ma fille.... Il est temps qu'elle vienne
   Prendre sa leçon. Vous serez
   Seul avec elle, et vous lirez
Dans son âme.

CLITON.

Oh! j'y vois plus clair que dans la mienne.

SCÈNE V.

CLITON, ORFISE, AGATHE.

ORFISE.

Voilà bien des jours dissipés,
Ma fille, et perdus pour l'étude.

L'AMI DE LA MAISON,

AGATHE.

Hélas, oui.

CLITON.

Nos momens seront mieux occupés.

ORFISE.

Allons, reprenez l'habitude
D'une sage application.

AGATHE.

C'est bien mon inclination.
Mais mon cousin voulait sans cesse
Que nous fussions ensemble. Il aime à s'amuser,
Mon cousin. Moi, par politesse,
Je n'osais pas le refuser.

ORFISE.

De quoi parliez-vous ?

AGATHE.

Bon ! que sais-je ?
Des tours qu'il faisait au collége
Quand il était petit garçon,
De l'exercice, du manége,
De la guerre, et de la façon
Dont il se conduirait pour avoir de la gloire.
Tout cela m'ennuyait, comme vous pouvez croire ;
Et j'aimais bien mieux ma leçon
De géographie et d'histoire.

CLITON.

Elle est naïve.

ORFISE.

Elle a du moins
La franchise et l'innocence.
Je vous laisse. Ah ! Cliton, quelle reconnaissance
Ne devrai-je pas à vos soins !

SCÈNE VI.

CLITON, AGATHE.

CLITON.

Allons, mademoiselle, il faut vous rendre digne
D'une mère accomplie.

AGATHE.

Hélas ! je le veux bien.

CLITON.

Quelle docilité ! vous le voulez ? hé bien,
Cette émulation est d'abord un bon signe.
Vos cartes, votre globe.

ACTE II, SCÈNE VIII.

AGATHE.
Ah ! je les ai laissés.
Je vais....

CLITON.
Non, demeurez. C'est moi...

AGATHE.
Vous ne cessez
De vous donner pour moi des peines !

CLITON.
Qu'elles vous plaisent, c'est assez.

(Il sort.)

SCÈNE VII.

AGATHE, seule.

Je te réponds qu'elles sont vaines.

AIR.

Si quelquefois tu sais ruser,
Amour, apprends-moi l'art de feindre;
Tu n'auras jamais à t'en plaindre,
Je ne veux point en abuser.
Ne crains pas qu'un voile trompeur
A mon amant cache mon âme.
C'est au pur éclat de ta flamme
Qu'il lira toujours dans mon cœur.
Si quelquefois, etc.

SCÈNE VIII.

AGATHE, CLITON. Ils s'asseyent.

CLITON.
Quel pays avons-nous parcouru ?

AGATHE.
L'Italie.

CLITON.
Comment ! vous vous en souvenez ?

AGATHE.
Ho ! n'ayez pas peur que j'oublie
Les leçons que vous me donnez.

CLITON.
Nous allons à présent voyager dans la Grèce,
Pays autrefois si vanté,
Où fleurissaient les arts, les talens, la beauté,
La Poésie enchanteresse.

AGATHE.
Ah! que j'aurais voulu voir ce beau pays-là!
CLITON.
Oui, belle Agathe, c'était là
Que vous étiez digne de naître.
Avec ces attraits ingénus,
Si l'on vous avait vu paraître
A la fête d'Hébé, de Flore et de Vénus!
AGATHE.
Flore, Vénus, Hébé, ces noms me sont connus.
CLITON.
Assurément ils doivent l'être.
AGATHE.
Flore, la déesse des fleurs;
Hébé, celle de la jeunesse;
Mais Vénus?
CLITON.
La reine des cœurs,
Des plaisirs l'aimable déesse.
AGATHE.
Hé! oui, la mère de l'Amour,
Dont les plaisirs formaient la cour,
Et dont les jeux suivaient les traces;
Je lisais cela l'autre jour.
CLITON.
Vous oubliez vos sœurs.
AGATHE.
Moi! mes sœurs! qui?
CLITON.
Les Grâces.
AGATHE.
Ah, Cliton! les Grâces, mes sœurs!
CLITON.
En les nommant ainsi, soyez bien sûre, Agathe,
Que ce n'est pas vous que je flatte.
AGATHE.
Toujours à vos leçons vous mêlez des douceurs;
Mais ces fêtes d'Hébé, de Vénus et de Flore,
Cela devait être bien beau!
CLITON.
Hélas! si beau, que même encore
Le souvenir en est un magique tableau.

ACTE II, SCÈNE VIII.

AIR.

Ah! dans ces fêtes,
Que de conquêtes
L'amour n'eût pas
Fait sur vos pas!
Dans quelle ivresse,
Toute la Grèce
N'eût-elle pas
Célébré tant d'appas!
On eût dit : la voilà , c'est elle,
Qui ne le cède qu'à Cypris.
Donnons le prix
A la plus belle.
La voilà, la voilà, c'est elle.
A la plus belle
Donnons le prix.

Ah ! dans ces fêtes, etc.

La Grèce avait des sages;
Vous les auriez vu tous,
Au pied de vos images,
Présenter les hommages
Et les vœux les plus doux.
Oui, leur encens n'eût brûlé que pour vous.

Ah! dans ces fêtes, etc.

AGATHE.
Je suis confuse, en vérité...
Si l'on avait la vanité
De vous croire... Est-ce donc là comme
Un sage?...

CLITON.
Agathe, un sage est homme :
La sagesse n'est pas l'insensibilité.

AGATHE.
Quoi! vous n'êtes pas insensible!

CLITON.
Insensible avec vous! le croyez-vous possible?

AGATHE.
Allons, voyons la Grèce.

CLITON.
Oh! pas encor.

AGATHE.
Laissez,
Laissez mes mains.

CLITON.
Je cède au pouvoir invincible.

AGATHE, en se levant.
Vous n'y pensez pas. Finissez.

DUO.

CLITON.

Plus de mystère,
Plus de détour.
Non, non, l'amour
Ne peut se taire.
C'est une ivresse que l'amour.

AGATHE.

Qu'avez-vous donc qui vous altère ?
À nos leçons que fait l'amour ?

CLITON.

C'est comme un feu qui me brûle.

AGATHE.

Oh ! je ne suis pas si crédule.

CLITON.

Je vous dis que c'est un feu.

AGATHE.

Je vois bien que c'est un jeu.

CLITON.

Mais je vous dis que c'est un feu.

AGATHE.

Moi, je vous dis que c'est un jeu.

CLITON.

Répondez à ma tendresse.

AGATHE.

C'est donc là qu'était la Grèce ?
Ne pensons
Qu'à nos leçons.

CLITON.

Ah ! laissons là nos leçons.

AGATHE.

Ah ! finissons nos leçons,
Ne parlons que de la Grèce.

CLITON.

Ah ! laissons là nos leçons,
Ne parlons que de tendresse,

AGATHE.

Voyez à quoi je m'expose,
Si l'on sait dans la maison
Que c'est moi qui suis la cause
Que vous perdez la raison.

CLITON.

Hé ! non, non, n'ayez pas peur
Que jamais je vous expose.
C'est le secret de mon cœur.

ACTE II, SCÈNE IX.

AGATHE.
La colère
De ma mère
Me fait peur.

CLITON.
N'ayez pas peur.
Je sais brûler et me taire.
C'est le secret de mon cœur.

AGATHE.
Voilà le temps qui se passe.
Ah ! de grâce,
Laissez-moi.

CLITON.
Voilà le temps qui se passe.
Ah ! de grâce,
Ecoutez-moi.
Je meurs d'amour.

AGATHE.
Je meurs d'effroi.

CLITON.
Non, je ne suis plus à moi.
Quoi ! vous refusez de m'entendre !
Quoi ! l'ami le plus vrai, quoi ! l'amant le plus tendre
Ne peut un moment vous parler !
Le temps de nos leçons est le seul qu'on nous laisse.

AGATHE.
Maman nous observe sans cesse.
Laissez-moi. Je veux m'en aller.

CLITON.
Si du moins j'osais vous écrire !

AGATHE.
M'écrire ! à quoi bon ? et sur quoi ?

CLITON.
Que n'aurais-je pas à vous dire ?

AGATHE.
Je balance, je n'ose, et je ne sais pourquoi ;
Car enfin vos écrits sont des leçons pour moi :
C'est m'éclairer que de vous lire.

SCÈNE IX.

CLITON, seul.

AIR.

Ah ! je triomphe de son cœur ;
Je suis aimé, je suis vainqueur.

Quelle innocence !
Quelle candeur !
C'est le désir dans sa naissance ;
C'est le plaisir dans sa fleur.

Ah ! je triomphe, etc.

De l'amour, dans ma lettre,
Le poison va couler.
D'un feu qui la pénètre,
Ma plume va brûler.
Elle lira,
S'attendrira,
Et dans son âme,
Un trait de flamme
Se glissera.

Oui, je triomphe de son cœur ;
Je suis aimé, je suis vainqueur.

FIN DU SECOND ACTE.

ACTE III.

SCÈNE PREMIÈRE.

AGATHE, *seule, une lettre à la main.*

Je l'ai, cette preuve parlante.
Oh! oh! l'Ami de la Maison,
Le sage si vanté, vous perdez la raison!
Relisons sa lettre... Excellente.

AIR.

Bon! mieux encor! oui, c'est cela.
Le digne Mentor que j'ai là!
Le pauvre homme! c'est dommage!
Il ne dort pas de la nuit.
  C'est dommage!
  Mon image
Le tourmente et le poursuit.
Bon! mieux encor! oui, c'est cela.
Le digne Mentor que j'ai là!
Je crois voir d'ici ma mère,
Lisant ce joli poulet,
Sa surprise, sa colère,
Et la mine qu'elle fait.
Son ami ne la craint guère :
Il me le dit clair et net.
Hé! oui, vraiment, oui, c'est cela.
C'est un trésor que je tiens là.

SCÈNE II.

CÉLICOUR, AGATHE.

CÉLICOUR.

Que vois-je? quelle est cette lettre,
Qu'avec ce transport vous baisez?

AGATHE.

Ce n'est rien.

CÉLICOUR.

Ce n'est rien! voulez-vous bien permettre?

AGATHE.
Non, Monsieur.
CÉLICOUR.
Vous me refusez?
AGATHE.
Mais ce n'est rien, vous dis-je.
CÉLICOUR.
Agathe!
AGATHE.
Un badinage,
Qui ne mérite pas la curiosité.
CÉLICOUR.
Agathe!
AGATHE.
Non, en verité,
Ce n'est qu'un jeu.
CÉLICOUR.
Voyons. Je gage
Que cette lettre vient du couvent.
AGATHE.
Du couvent?
Non.
CÉLICOUR.
Quelque compagne chérie,
Qui vous écrit, je le parie.
AGATHE.
Non.
CÉLICOUR.
Non!
AGATHE.
Non. C'est d'un homme. Etes-vous plus savant?
CÉLICOUR.
D'un homme!
AGATHE.
Oui, oui, d'un homme.
CÉLICOUR.
Et vous baisez sa lettre?
AGATHE.
Si vous voulez bien le permettre.
CÉLICOUR.
Quelque parent?
AGATHE.
Non.
CÉLICOUR, vivement.
Non! je saurai ce que c'est?

ACTE III, SCÈNE II.

AGATHE.

Mais, vous le saurez, s'il me plaît.

CÉLICOUR.

Seulement voyons de quel style.

AGATHE.

Célicour, vous m'avez promis
Que si je vous aimais, vous seriez doux, tranquille,
Modéré, docile et soumis?

CELICOUR.

Vous voyez, je le suis. Mais...

AGATHE.

Point d'impatience.
Les amans, comme les amis,
Se doivent l'un à l'autre un peu de confiance.

CELICOUR.

J'en ai. Mais...

AGATHE.

Croyez-vous, ou non,
Que je vous aime?

CELICOUR, en tremblant.

Hélas! je le crois.

AGATHE.

Tout de bon?

CELICOUR, de même.

Oui, tout de bon.

AGATHE.

Croyez de même
Qu'on ne trahit pas ce qu'on aime.

CELICOUR, vivement.

Non, mais pour ce qu'on aime on n'a point de secret.

AGATHE, d'un ton imposant.

Vous vous fâchez!

CELICOUR, timidement.

Moi! non.

AGATHE.

Je veux qu'on soit discret.
Comment, si j'étais votre femme,
Monsieur tous les matins aurait donc l'œil au guet,
Pour demander à voir le plus petit billet
Que l'on écrirait à Madame!

CELICOUR.
Ho! non. Ce serait abuser....
(Vivement.)
Mais cette lettre enfin, je vous la vois baiser,
Et baiser de toute votre âme.
AGATHE.
Vraiment! si je l'avais déchirée à vos yeux,
Vous n'en seriez pas curieux,
Je le crois bien. Le beau mérite!
La confiance est de me voir
La lire, la baiser, sans vous en émouvoir,
Et sans me demander qui peut l'avoir écrite.
CELICOUR.
Cela se peut-il proposer?
Là, je m'en rapporte à vous-même.
AGATHE.
Oui, Monsieur, voilà comme on aime,
Et sur la bonne foi l'on doit se reposer.

DUO.

CÉLICOUR.
Tout ce qu'il vous plaira;
Mais ce refus me blesse.
AGATHE.
Tout ce qu'il vous plaira;
Mais le soupçon me blesse.
CÉLICOUR.
Si c'est une faiblesse,
L'amour l'excusera.
AGATHE.
Si c'est une faiblesse,
L'amour vous guérira.
CÉLICOUR.
Et si l'on m'aime, on me plaindra.
AGATHE.
Et si l'on m'aime, on me croira.
CÉLICOUR.
Mais qu'est-ce qu'il en coûte
D'apaiser son amant?
AGATHE.
Jusqu'à l'ombre du doute,
Est un crime en aimant.
CÉLICOUR.
Vous me voyez tremblant;
Et de m'être infidelle
Vous faites le semblant.

ACTE III, SCÈNE II.

AGATHE.
Si ce n'est qu'un semblant,
Et si je suis fidelle,
Ne soyez plus tremblant.

CÉLICOUR.
Tout ce qu'il vous plaira, etc.

AGATHE.
Tout ce qu'il vous plaira, etc.

CÉLICOUR.
Hé bien, je t'en crois.
Sur ta bonne foi
A tout je m'expose.
Je n'ai plus de doute avec toi.

AGATHE.
C'est assez pour moi.
Sur ma bonne foi
Ton cœur se repose.
Je n'ai plus de secret pour toi.

Tiens, lis.

CELICOUR.
Non, je ne veux pas lire.
Tu m'aimes, je le crois, cela doit me suffire.

AGATHE.
Lis, lis, quelques mots seulement.

CELICOUR.
Si tu le veux absolument,
Il faut bien t'obéir... Quoi! c'est Cliton!

AGATHE.
Lui-même.

CÉLICOUR.
Que vois-je? Il vous dit qu'il vous aime!

AGATHE.
Assurément.

CÉLICOUR.
Et vous baisez
Cette lettre insolente!

AGATHE, avec impatience.
Ho! de grâce, lisez.

CELICOUR lit.
» Oui, belle Agathe, je vous aime.
» Votre image, sans cesse, en tous lieux me poursuit.

AGATHE.
Ce n'est rien que cela. Passez à ce qui suit.

CÉLICOUR, lit.
» Je ne me connais plus moi-même.
» Tous les jours enivré du plaisir de vous voir,

» Près de vous je respire un feu qui me consume.
» La raison veut l'éteindre, et l'amour le rallume
  » Aux faibles rayons de l'espoir.
» Ah! laissez cet espoir à mon âme enflammée.
» Livrez-vous aux plaisirs d'aimer et d'être aimée.
  » Croyez qu'il n'est rien sous les cieux,
  » Ni de plus doux, ni de plus sage.
  » Voyez quels momens précieux
  » L'amour attentif nous ménage.
  » Ah! qu'ils seraient délicieux,
  » Si nous savions en faire usage!

AGATHE.

Continuez.

CÉLICOUR.

L'audacieux!
Quel égarement! quel délire!

AGATHE.

La fin, surtout, est bonne à lire.

CLÉICOUR, lit.

» Doutez-vous que l'hymen ne souscrive à des nœuds
» Qu'aura formés l'amour? Allez, soyez tranquille.
  » A votre mère il m'est facile
  » D'inspirer tout ce que je veux.
  » Que n'êtes-vous aussi docile!
  » Rien ne manquerait à mes vœux.

AGATHE.

Qu'en dites-vous?

CÉLICOUR.

Quelle insolence!
Votre mère lira cette lettre?

AGATHE.

Un moment.

CÉLICOUR.

Moi! garder avec lui quelque ménagement!
Non, non, rien ne saurait me forcer au silence.

AGATHE.

Vous êtes un peu vif. (*bas.*) Voyons s'il est méchant.
Oui, vous serez vengé, si vous aimez à l'être.
Dès que maman va le connaître...

CELICOUR.

Il aura son congé, n'est-ce pas?

AGATHE.

Sur-le-champ.

ACTE III, SCÈNE II.

CÉLICOUR.
Sans éclat?
AGATHE.
Sans éclat, peut-être;
Mais tout se sait. Le bruit en sera répandu :
Et les noms de fourbe et de traître
Lui seront prodigués. C'est un homme perdu.
CÉLICOUR.
Quoi! perdu, pour une folie !
Cela serait trop sérieux.
AGATHE.
Vous croyez ?
CÉLICOUR.
Ma foi, j'aime mieux
Qu'elle demeure ensevelie.
Après tout, cet homme a des yeux;
Il vous voit tous les jours, tous les jours embellie ;
Et sans être un homme odieux,
On peut vous trouver fort jolie.
AGATHE.
Ah ! je suis tranquille à présent;
Et comme je voulais, cette épreuve m'éclaire.
CÉLICOUR.
Serais-je digne de vous plaire,
Digne de vous aimer, si j'étais malfaisant ?
(Il veut déchirer la lettre).
AGATHE.
Ne déchirez pas.
CÉLICOUR.
Bon! pourquoi ?
AGATHE.
Je veux lui faire
Peu de mal, mais beaucoup de peur.
Ce n'est pas trop, je crois, pour punir un trompeur.
CÉLICOUR.
Ho! non.
AGATHE.
Vous serez en colère:
Et Cliton, pour vous apaiser,
N'ayant rien à vous refuser,
Lui-même à nous unir engagera ma mère.
CÉLICOUR.
A merveille! au moyen de sa lettre... Oui, je vois,
Belle Agathe, et je sens tout ce que je vous dois.
(Il se jette à ses genoux et lui baise la main.)

SCÈNE III.

CLITON, CÉLICOUR, AGATHE.

AGATHE, apercevant Cliton.
(bas). (haut).
Voici Cliton. Quelle folie !
Un capitaine à mes genoux !
Est-ce là votre poste ?
CÉLICOUR.
Il me serait bien doux !
AGATHE.
Si votre colonel vous voyait ?
CÉLICOUR.
De sa vie
Il n'aurait été si jaloux.
AGATHE.
Allons, finissez. Levez-vous.
CÉLICOUR.
Songez que dans peu je vous quitte.
AGATHE.
Ne m'avez-vous pas fait vos adieux ? Tout est dit.
Allez-vous en bien loin, et m'oubliez bien vite.
CLITON, à part.
Bon ! comme il a l'air interdit !
(à Célicour.)
Ah ! je vous y prends, petit traître,
Petit séducteur ! c'est ainsi
Que de la liberté que l'on vous donne ici ?...
Je suis ravi de vous connaître.
CÉLICOUR.
Qu'ai-je fait ?
CLITON.
Vous croyez peut-être
Que je n'ai pas vu ? Libertin !
AGATHE.
Oui, grondez-le bien fort : car c'est un vrai lutin.

CLITON.

AIR.

Tremblez, jeune insensé,
Sa mère va m'entendre,
Et vous serez tancé.
Demain, sans plus attendre,

ACTE III, SCÈNE III.

Partez, partez d'ici,
Agathe le veut ainsi.
Voyez-vous, dans sa rougeur,
Comme la colère éclate ?
Apaisez-vous, belle Agathe,
Je serai votre vengeur.
Tremblez, jeune insensé,
Sa mère va m'entendre,
Et vous serez tancé.
Demain, sans plus attendre,
Partez, partez d'ici,
Agathe le veut ainsi.

CÉLICOUR.

Qu'elle ordonne ; il suffit. Mais vous, il vous sied bien
D'employer ici la menace ?
Vous voulez me chasser ? Et c'est moi qui vous chasse.
(Il lui montre sa lettre).
Voilà votre congé, bien plus sûr que le mien.

CLITON, à Agathe.

Quel est ce congé ?

AGATHE.

Ce n'est rien.
C'est ce billet, ce badinage,
Que vous m'avez écrit.

CLITON.

Il l'a vu !

CÉLICOUR, à part.

Le courage
Va lui manquer.

CLITON.

O ciel !

AGATHE.

Ne soyez point fâché,
C'est mon cousin : pour lui je n'ai rien de caché.

CLITON.

Je suis trahi ! perdu !

CÉLICOUR.

J'aime à voir de quel style
Un sage écrit à sa pupile.
Libertin ! séducteur !

CLITON.

J'avais perdu l'esprit,
Je l'avoue. Ah ! rendez-moi cet écrit.

CÉLICOUR.

Non.

CLITON.

De grâce.

CÉLICOUR.
Peine inutile.
CLITON.
Agathe!
AGATHE.
Allez, soyez tranquille.
Il ne le montrera qu'à ma mère. (Elle sort.)

SCÈNE IV.

CÉLICOUR, CLITON.

CLITON.
Ah! serpent!
(à part).
Que vais-je devenir si cela se répand?
DUO.
CLITON.
J'ai fait une grande folie.
Je le sens bien!
CÉLICOUR.
Je le crois bien.
CLITON.
Hélas! quel malheur est le mien!
Mais quoi! le plus sage s'oublie.
CÉLICOUR.
On ne peut pas toute sa vie
Jouer si bien l'homme de bien.
CLITON.
Souvent le plus sage s'oublie.
CÉLICOUR.
Souvent le plus rusé s'oublie.
CLITON.
J'ai fait une grande folie.
Hélas! quel malheur est le mien!
CÉLICOUR.
On ne peut pas toute sa vie
Jouer si bien l'homme de bien.
CLITON.
Mon cœur me le reprochait bien;
Mais Agathe est si jolie!
CÉLICOUR.
Ho! très-jolie!
Oui, j'en convien.
CLITON.
N'en dites rien, je vous supplie,
Dans la maison n'en dites rien.

ACTE III, SCÈNE V.

CÉLICOUR.
Pour cela non. Je vous supplie
De trouver bon qu'il n'en soit rien.

CLITON.
J'ai fait une grande folie, etc.

CÉLICOUR.
Finissons. Vous avez du crédit sur ma tante :
A garder le secret voulez-vous m'engager?

CLITON.
Si je le veux!

CÉLICOUR.
Je puis encor vous ménager.
J'aime Agathe. A mes vœux que sa mère consente ;
Et je veux bien tout oublier.

CLITON.
Que n'ai-je le crédit dont je vois qu'on me flatte!
Mais...

CÉLICOUR.
Point de *mais*. Je n'ai qu'un mot : la main d'Agathe,
Sinon, je vais tout publier.

SCÈNE V.

CLITON, seul.

AIR.

Ah! quelle adresse!
La traîtresse!
Comment prévoir
Un trait si noir?
Ah! mon ivresse,
Ma tendresse,
Mon ivresse
Ne m'a fait voir
Qu'un fol espoir.
C'est par moi, par moi-même
Qu'elle a su me punir.
A mon rival qu'elle aime,
C'est moi qui vas l'unir.
Dans ce péril extrême,
Sauvons du moins l'honneur.
Faisons... Quoi? Leur bonheur.

Ah! quelle adresse! etc.

SCÈNE VI.

ORFISE, CLITON.

ORFISE, avec émotion.

Vous êtes là, Cliton, bien calme et bien tranquille ;
Et moi, je suis dans la douleur.
Ma fille...

CLITON.

Hé bien ?

ORFISE.

Votre pupile...
Vous m'avez prédit mon malheur.
Elle est amoureuse, à son âge,
De mon étourdi de neveu ;
Et mon frère, cet homme sage,
Me demande, à moi, mon aveu.

AIR.

Il est bien temps qu'on me consulte !
Ah ! mon ami !
C'est une insulte ;
Et de douleur j'en ai frémi.
Pour me tromper, tous deux s'entendre !
Trahir une tante ! une sœur !
Ah ! mon ami ! quelle noirceur !
Séduire un cœur facile et tendre ;
Et puis venir me dire à moi :
Ma sœur, l'amour nous fait la loi !
Non, non, qu'ils cessent d'y prétendre.
Non, Cliton, ce n'est pas à moi
Qu'un fol amour fera la loi.
Mère imprudente ! A quoi m'expose
Ma faiblesse et ma bonne foi !
De mon malheur je suis la cause,
Dans votre sein je le dépose.
Fidèle ami, secourez-moi.
Je n'ai que vous : secourez-moi.

Il est bien temps, etc.

CLITON.

Eh, Madame ! l'on sait que vous êtes si bonne.

ORFISE.

Je le suis, mais non pas assez
Pour former ces nœuds insensés.
N'ayez pas peur que j'abandonne
Ma fille à ses folles amours ;
Et pour en abréger le cours,
Je vais lui déclarer l'époux que je lui donne.

CLITON.

Vous avez fait un choix?

ORFISE.

Oui, le choix d'un époux
Aimable et vertueux, éclairé, sage et doux,
D'un caractère honnête et d'un esprit solide,
Qui sera son ami, son conseil et son guide;
Et cet homme unique, c'est vous.

CLITON.

Moi, Madame?

ORFISE.

Oui, vous-même.

CLITON, à part.

Ah! maudite imprudence!

ORFISE.

Ma fille est sous ma dépendance.
Je disposerai de sa main.
Et quant à mon neveu, nous nous quittons demain.

CLITON, à part.

Qu'ai-je fait?

SCÈNE VII et dernière.

ORFISE, CLITON, ORONTE, AGATHE, CÉLICOUR.

ORFISE.

Oui, demain nous nous quittons, mon frère.

ORONTE.

Ma sœur, en vérité, je ne sais pas pourquoi
Vous vous êtes mise en colère.
Nos enfans s'aiment : je n'y voi
Ni crime, ni malheur. Ils sont de bonne foi,
Et tous deux en âge de plaire.
Vous êtes plus riche que moi,
Voilà tout.

ORFISE.

Fi, Monsieur! quelle indigne pensée!
Riche ou non, votre fils est un jeune étourdi,
Ma fille une jeune insensée;
Moi, Monsieur, je suis mère, et je suis offensée;
Ils ne se verront plus. C'est moi qui vous le di.

ORONTE.

Voulez-vous que ce soit la raison qui l'emporte,
Ma sœur? prenons quelqu'un qui nous mette d'accord,

Cliton, votre ami, peu m'importe.
C'est à lui que je m'en rapporte,
Et je céderai si j'ai tort.

ORFISE.

Vous prenez Cliton pour arbitre !

ORONTE.

Oui, ma sœur. N'est-ce pas un sage ?

ORFISE.

Assurément

ORONTE.

Hé bien, qu'il nous juge à ce titre.

ORFISE.

Volontiers. Je souscris d'avance au jugement.

ORONTE.

Sans appel !

ORFISE.

Sans appel. La faveur n'est pas grande.

ORONTE.

C'est tout ce que je vous demande.
Çà, notre juge, allons, prononcez librement.

CLITON, à part.

Que dirai-je ?

CÉLICOUR, bas.

Parlez, ou je parle moi-même.

CLITON.

Vous avez sur Agathe un empire suprême,
Madame, et vos désirs sont pour elle des lois.

ORFISE, à Oronte.

Hé bien ?

CLITON. *

Mais une mère, à ses enfans qu'elle aime,
De son autorité ne fait sentir le poids
Qu'avec une douceur extrême.

ORFISE.

Ne m'avez-vous pas dit cent fois
Qu'il serait imprudent de les unir ensemble ?

CLITON.

Oui... Mais à présent il me semble
Plus dangereux encor d'exercer tous vos droits.

---

* Chaque fois que Cliton paraît pencher du côté de la mère, Célicour lui montre la lettre, et la peur lui fait changer d'avis.

ACTE III, SCÈNE VII.

ORFISE.

Monsieur, point de faiblesse, et point de déférence
(bas.)
Voulez-vous leur donner sur vous la préférence ?

CLITON.

Ah, Madame ! je sens tout ce que je vous dois.

ORFISE.

Prononcez donc.

CLITON.

J'hésite, et ce n'est pas sans cause.
A des regrets, sans doute, un fol amour expose...
Mais Agathe a choisi ; je souscris à son choix.

ORFISE.

Mais, Monsieur, c'est à vous que ma fille est promise ;
Et c'est à moi qu'elle est soumise.

ORONTE et CÉLICOUR.

Lui ! lui ! l'époux d'Agathe !

CLITON.

Ah, Madame ! cessez
D'affliger ces deux cœurs que l'amour a blessés.

ORFISE.

C'est vous, Cliton ! c'est vous qui voulez que je livre
Ma fille à ce jeune homme !

CLITON.

Oui, faisons deux heureux,
Madame : auprès de vous, sous vos yeux ils vont vivre,
Et vous serez sage pour eux.

ORFISE.

Non, cela n'est pas concevable.
Quel homme !

ORONTE.

Allons, ma sœur.

ORFISE.

Je l'avoue, il m'accable

ORONTE.

Ici les vains détours ne sont plus de saison.
Il faut céder.

ORFISE.

Je cède.

CÉLICOUR.
Ah, Madame!
AGATHE.
Ah, ma mère!
ORFISE.
Rendez-lui grâce.
ORONTE.
Hé bien, n'avais-je pas raison?
CÉLICOUR, à part, rendant la lettre à Cliton.
Tenez, l'homme de bien. Je me tais; mais j'espère
Que vous ne serez plus l'ami de la maison.

QUINQUE.

ORFISE.

Le voilà, le vrai modèle
De la candeur et du zèle;
Le vrai sage, le voilà.
Je veux que de ce trait-là
Soit fait un récit fidèle.
Dans mille ans on le lira;
En le lisant chacun dira :
Le voilà, le vrai modèle
Des amis de ce temps-là.

ORONTE, AGATHE, CÉLICOUR, en ironie.

Le voilà, le vrai modèle
De la candeur, etc.

CLITON, à part.

Le voilà, le vrai modèle
De la malice femelle;
Et sa dupe, la voilà.
Comptez, après ce trait-là,
Sur la candeur d'une belle.
En me voyant on dira :
Tu croyais te jouer d'elle,
Pauvre sot! qu'as-tu fait-là?

FIN.

EXTRAIT
DU CATALOGUE DES PIÈCES DE FONDS
DU MÊME LIBRAIRE.

Abel (la mort d'), tragédie lyrique, par M. Hoffman.
Adèle et Dorsan, comédie en 2 actes, mêlée d'ariettes, par M. Marsollier.
Alexandre et Apelle, comédie héroïque en un acte et en vers libres, par M. Delaville de Mirmont.
Amant (l') et le Mari, par MM. Roger et de Jouy.
Ami (l') de la Maison, comédie en 3 actes, mêlée d'ariettes, par Marmontel.
Artistes (les) par Occasion, comédie mêlée d'ariettes, par M. Al. Duval.
Astianax, tragédie lyrique, par Dejaure.
Aspasie et Périclès, opéra, par M. Viennet.
Auberge (d') en Auberge, comédie mêlée d'ariettes, par M Dupaty.
Avare (l') fastueux, comédie en 3 actes et en vers, par M. de Saint-Just.
Auteur (l') malgré lui, comédie en 3 actes et en vers, par M. de Saint-Remy (1823).
Auteur (l') mort et vivant, opéra-comique, par M. Planard.
Bergère (la) Châtelaine, opéra-comique en 3 actes, par M. Planard.
Billet (le) de Loterie, comédie mêlée d'ariettes, par MM. Roger, et Creuzé de Lesser.
Brunéhaut, tragédie, par M. Aignant.
Caroline de Rosenthal, comédie en 3 actes, par M. Beaunoir.
Calife (le) de Bagdad, opéra-comique, par M. de Saint-Just.
Cendrillon, opéra-comique-féerie en 3 actes, par M. Etienne.
Chapitre (le) second, comédie mêlée d'ariettes, par M. Dupaty.
Chevalier (le) d'industrie, comédie en 5 actes et en vers, par M. Al. Duval.
Comédien (le) d'Etampes, comédie-vaudeville, par MM. Moreau et Sewrin.
Dupe (la) de son art, opéra-comique en 1 acte.
Edouard en Ecosse, ou le Proscrit, drame, par M. Al. Duval.
Eaux (les) du Mont-d'Or, vaudeville, par M. Scribe.
Eschyle, tragédie nouvelle en 5 actes, par M. Planard.
Fanchette, opéra-comique, par M. Desfontaines.
Faux (le) Stanislas, comédie en 3 actes et en prose, par M. Al. Duval
Fête (la) du village voisin, comédie en 3 actes, mêlée d'ariettes.
Hécube et Polixène, tragédie nouvelle.
Hôtel (l') garni, comédie en 1 acte, par MM. Désaugiers et Gentil.
Hussites (les), ou le Siége de Naumbourg, par M. Al. Duval.
Indécis (l'), comédie en 1 acte et en vers, par M. de Charbonnière.
Ipsiboë, opéra nouveau en 4 actes.
Irrésolu (l'), comédie en 1 acte et en vers, par M. O. Leroy.
Jean et Geneviève, opéra-comique, par M. Favières.

Jean de Paris, opéra-comique en 2 actes, par M. de Saint-Just.
Jeunesse (la) de Henri V, comédie en 3 actes et en prose, par
   M. Al. Duval.
Jockei (le), opéra-comique.
Joseph, drame en 3 actes, mêlé d'ariettes, par Al. Duval.
Journée (la) aux aventures, par MM. Capelle et Mézière.
Léon, ou le Château de Monténéro, drame en 3 actes, mêlé d'ariettes.
Lisbeth, comédie en 3 actes, mêlée d'ariettes, par M. Favières.
Maison à vendre, comédie mêlée d'ariettes, par M. Al. Duval.
Magicien (le) sans magie, comédie en 2 actes, mêlée d'ariettes, par
   MM. Roger et Creuzé de Lesser.
Manie (la) des grandeurs, comédie en 5 actes et en vers, par
   M. Duval.
Marianne, opéra-comique, par Marsollier.
Menuisier (le) de Livonie, comédie en 3 actes et en prose, par
   M. Al. Duval.
Méprises (les) par ressemblance, comédie mêlée d'ariettes, (nouvelle
   édition).
Méprise (la) volontaire, opéra-comique, par Al. Duval.
Mort (la) du Tasse, tragédie lyrique en 3 actes.
Nièce (la) supposée, comédie en 3 actes et en vers, par M. Planard.
Officier (l') enlevé, opéra-comique, par M. Al. Duval.
Omasis, ou Joseph en Egypte, tragédie, par M. Baour-Lormian.
Orgueil et vanité, comédie en 5 actes et en prose, par M. J. Souque.
Originaux (les), comédie avec les nouvelles scènes de Dugazon.
Partie et Revanche, comédie, par M. de Rancé.
Prince (le) troubadour, opéra-comique, par M. Al. Duval.
Princesse (la) de Babylone, tragédie lyrique, par M. Vigée.
Procès (le), opéra-comique, par M. Henri Duval.
Revanche (la), com. en 3 actes, par MM. Roger et Creuzé de Lesser.
Retour (le) d'un Croisé, comédie, par M. Al. Duval.
Roman (le) d'une heure, comédie, par M. Hoffman.
Rendez-vous (les) bourgeois, opéra-comique, par M. Hoffman.
Rosières (les), comédie en 3 actes, mêlée d'ariettes, par M. Théaulon.
Secret (le), opéra-comique, par M. Hoffman.
Secret (le) du ménage, comédie en 3 actes, par M. Creuzé de Lesser.
Shakespeare amoureux, comédie, par M. Al. Duval.
Suite (la) d'un bal masqué, comédie, par Mad. de Baur.
Tableau (le) parlant, opéra-comique, d'Anseaume, (nouvelle édit.).
Tapisserie (la), comédie, par M. Al. Duval.
Tuteurs (les) vengés, comédie en 3 actes, par M. Al. Duval.
Tyran (le) domestique, com. en 5 actes et en vers, par M. Al. Duval.
Vieux (le) berger, comédie-vaudeville, par MM. Brazier et Dumersan.
Vieil (le) amateur, comédie, par M. Alex. Duval.
Zémire et Azor, opéra-féerie en 3 actes, de Marmontel.

Théâtre de M. Picyre, 2 vol. in-8° broch.	8 f.	»
Julien, ou le Prêtre, roman, 2 vol. in-8°.	6	»
Les Nuits terribles, roman nouveau, 1 vol. in-12.	1	50 c.

Imprimerie de CARPENTIER-MÉRICOURT, rue de Grenelle-St-Honoré, n. 59.

www.ingramcontent.com/pod-product-compliance
Lightning Source LLC
Chambersburg PA
CBHW070712050426
42451CB00008B/620